Impressum
Verlag: BABADADA GmbH, Nedderfeld 112 , 22529 Hamburg
Geschäftsführer / Verlagsleitung: Harald Hof
Druck: Books on Demand GmbH, In de Tarpen 42, 22848 Norderstedt

Imprint
Publisher: BABADADA GmbH, Nedderfeld 112 , 22529 Hamburg, Germany
Managing Director / Publishing direction: Harald Hof
Print: Books on Demand GmbH, In de Tarpen 42, 22848 Norderstedt

school

المدرسة

classroom
القسم

divide
يقسم

186/2

board
اللوح

school yard
باحة المدرسة

teacher
المعلّم

write
يكتب

paper
ورقة

pen
القلم

desk
طاولة المكتب

ruler
المسطرة

book
الكتاب

pupil
التلميذ

satchel
....
الحقيبة المدرسية

pencil case
....
المقلمة

pencil
....
قلم الرصاص

pencil sharpener
....
البرّاية

rubber
....
الممحاة

drawing pad
....
دفتر الرسم

drawing

الرسمة

paintbrush

الفرشاة

paint box

علبة التلوين

scissors

المقص

glue

المادة اللاصقة

exercise book

دفتر التمارين

homework

الواجب المدرسي

number

الرقم

add

يجمع

subtract

يطرح

multiply

يضرب

calculate

يحسب

letter

الحرف

alphabet

الأبجدية

word

كلمة

text

النص

read

يقرأ

chalk

الطبشور

lesson

الحصة

register

دفتر الدوام المدرسي

exam

الامتحان

certificate

شهادة

school uniform

اللباس المدرسي

education

التعليم

encyclopedia

الموسوعة

university

الجامعة

microscope

المجهر

map

الخريطة

waste-paper basket

قماما

hotel
فندق

Grand

hostel
بيت الشباب

bureau de change
مكتب صرافة

car
سيارة

language

اللغة

yes / no

نعم / لا

Okay

حسناً

hello

مرحباً

translator

مترجم

Thank you

شكراً

how much is...?

كم ثمن ... ؟

I do not understand

لا أفهم

problem

مشكلة

Good evening!

مساء الخير

Good morning!

صباح الخير!

Good night!

ليلة سعيدة

bye bye

إلى اللقاء

direction

اتجاه

luggage

أمتعة السفر

bag

حقيبة

backpack

حقيبة ظهر

guest

ضيف

room

غرفة

sleeping bag

كيس للنوم

tent

خيمة

tourist information

استعلامات سياحية

beach

شاطئ

credit card

بطاقة ائتمان

breakfast

إفطار

lunch

طعام الغداء

dinner

العشاء

ticket

بطاقة سفر

lift

مصعد

stamp

طابع بريدي

border

حدود

customs

الجمارك

embassy

سفارة

visa

تأشيرة

passport

جواز سفر

aeroplane
طائرة

ship
سفينة

fire engine
سيارة إطفاء

bus
حافلة

truck
سيارة شاحنة

motorboat
زورق آلي

bike
دراجة

car
سيارة

ferry

عبارة

boat

قارب

motorbike

دراجة نارية

police car

سيارة شرطة

racing car

سيارة سباق

rental car

سيارة مستأجرة

car sharing

أسلوب تشاركي في استئجار السيارات

breakdown truck

سيارة للجر

refuse truck

سيارة نقل القمامة

motor

محرك

fuel

وقود

petrol station

محطة وقود

traffic sign

إشارة مرور

traffic

حركة السير

traffic jam

ازدحام سير

car park

موقف سيارات

train station

محطة قطار

tracks

سكك حديدية

train

قطار

tram

ترام

carriage

عربة قطار

helicopter

طائرة مروحية

airport

مطار

tower

برج

passenger

مسافر

container

حاوية

carton

علبة كرتون

cart

عربة يد

basket

سلة

take off / land

يقلع / يهبط

city

مدينة

village

قرية

city centre

مركز المدينة

house

بيت

cinema
سينما

advert
دعاية

street lamp
مصباح الشارع

street
شارع

taxi
تاكسي

snack shop
كشك

CINEMA

pedestrian
مشاة

pavement
رصيف

zebra crossing
معبر المشاة

bin
حاوية قمامة

crossing
تقاطع

traffic lights
إشارة ضوئية

hut
كوخ

flat
شقة

train station
محطة قطار

town hall
دار البلدية

museum
متحف

school
المدرسة

university

الجامعة

bank

مصرف

hospital

المستشفى

hotel

فندق

pharmacy

صيدلية

office

مكتب

book shop

مكتبة

shop

متجر

florist's

محل لبيع الزهور

supermarket

سوبرماركت

market

سوق

department store

متجر كبير

fishmonger's

تاجر السمك

shopping centre

مركز تسوّق

harbour

ميناء

park

حديقة عامة

bench

مقعد

bridge

جسر

stairs

درج، سلم

underground

مترو

tunnel

نفق

bus stop

موقف حافلات

bar

بار

restaurant

مطعم

postbox

صندوق البريد

street sign

لافتة باسم الشارع

parking meter

مقياس زمن الوقوف

zoo

حديقة حيوانات

swimming pool

مسبح

mosque

مسجد

farm

مزرعة

pollution

تلوث البيئة

graveyard

مقبرة

church

كنيسة

playground

ملعب الأطفال

temple

معبد

landscape

طبيعة ريفية

signpost
علامة إرشاد

way
طريق

meadow
مرج

stone
حجر

hiker
رحالة

tree
شجرة

river
نهر

grass
عشب

flower
زهرة

valley

وادٍ

hill

جبل

lake

بحيرة

forest

غابة

desert

صحراء

volcano

بركان

castle

قلعة

rainbow

قوس قزح

mushroom

فطر

palm tree

نخلة

mosquito

بعوض

fly

ذبابة

ant

نملة

bee

نحلة

spider

عنكبوت

landscape - طبيعة ريفية

beetle

خنفساء

frog

ضفدعة

squirrel

سنجاب

hedgehog

قنفذ

hare

أرنب

owl

بومة

bird

عصفور

swan

بجعة

boar

خنزير بري

deer

غزال

moose

إلكة

dam

سد

wind turbine

دولاب الطاحونة الهوائية

solar panel

خلية شمسية

climate

مناخ

waiter
◄ نادل

menu
◄ لائحة الطعام

chair
كرسي ◄

soup
◄ حساء

pizza
بيتزا

cutlery
أدوات المائدة

◄ **tablecloth**
غطاء المائدة

starter

مقبلات

main course

الصحن الرئيسي

dessert

حلوى أو فاكهة بعد الطعام

drinks

مشروبات

food

طعام

bottle

زجاجة

fast food

وجبات سريعة

street food

طعام الشارع

teapot

إبريق الشاي

sugar bowl

علبة السكر

portion

حصّة

espresso machine

آلة الإسبريسو

high chair

كرسي عالٍ

bill

فاتورة

tray

صينية

knife

سكين

fork

شوكة

spoon

ملعقة

teaspoon

ملعقة الشاي

serviette

منديل المائدة

glass

كأس

plate

صحن

soup plate

صحن الحساء

saucer

صحن الفنجان

sauce

صلصة

salt pot

مملحة

pepper mill

مطحنة الفلفل

vinegar

خلّ

oil

زيت الطعام

spices

توابل

ketchup

كتشاب

mustard

خردل

mayonnaise

مايونيز

special offer
عرض خاص

customer
زبون

dairy
مشتقات الحليب

FOR

fruit
فواكه

trolley
عربة تسوّق

butcher´s

جزّار

baker´s

مخبز

weigh

يزن

vegetables

خضار

meat

لحم

frozen food

المأكولات المجمّدة

cold meat

مرتدلا أو جبن

tinned food

معلبات

washing powder

مسحوق الغسيل

sweets

حلويات

household products

المواد المنزلية

cleaning products

منظفات

salesperson

بائعة

till

صندوق الحساب

cashier

أمين صندوق

shopping list

قائمة المشتريات

opening hours

أوقات العمل

wallet

محفظة النقود

credit card

بطاقة ائتمان

bag

حقيبة

plastic bag

كيس بلاستيكي

water

ماء

juice

عصير

milk

حليب

coke

كولا

wine

نبيذ

beer

بيرة

alcohol

كحول

cocoa

كاكاو

tea

شاي

coffee

قهوة

espresso

قهوة إسبريسو

cappuccino

كابوتشينو

banana

موزة

apple

تفاح

orange

برتقال

melon

بطيخ

lemon

ليمون

carrot

جزرة

garlic

ثوم

bamboo

خيزران

onion

بصل

mushroom

فطر

nuts

لوزيات

noodles

شعيرية

spaghetti

سباغيتي

rice

أرزّ

salad

سلطة

chips

بطاطا مقلية

fried potatoes

بطاطا مقلية

pizza

بيتزا

hamburger

هامبورغر

sandwich

ساندويش

cutlet

شريحة لحم مقلية

ham

لحم خنزير

salami

سلامي

sausage

سجق

chicken

دجاج

roast

لحم محمر

fish

سمك

porridge oats

دقيق الشوفان

muesli

موسلي

cornflakes

كورن فلكس

flour

طحين

croissant

كرواسان

bread roll

خبز صغير

bread

خبز

toast

خبز محمص

biscuits

بسكويت

butter

زبدة

curd

لبن زبادي

cake

كعكة

egg

بيضة

fried egg

بيض مقلي

cheese

جبنة

ice cream

مثلّجات

sugar

سكّر

honey

عسل

jam

مربّى الفاكهة

chocolate spread

كريم النوغا

curry

الكاري

goat	cow	calf
ماعز	بقرة	عجل

pig	piglet	bull
خنزير	خنزير صغير	ثور

goose

إوزّة

duck

بطة

chick

صوص

hen

دجاجة

cock

ديك

rat

جرذ

cat

قطّة

mouse

فأر

ox

ثور

dog

كلب

doghouse

كوخ الكلب

garden hose

خرطوم الحديقة

watering can

إبريق

scythe

منجل

plough

المحراث

sickle

منجل

hoe

معزقة

pitchfork

مذراة الزبل

axe

بلطة

wheelbarrow

عربة يد

trough

معلف

milk can

صفيحة الحليب

sack

كيس

fence

سياج

stable

اصطبل

greenhouse

دفيئة

soil

تربة

seed

بذور

fertilizer

سماد

combine harvester

حصّادة درّاسة

harvest

يحصد

harvest

محصول

yams

بطاطا يامس

wheat

قمح

soy

صويا

potato

بطاطا

corn

ذرة

rapeseed

سلجم

fruit tree

شجرة فاكهة

cassava

نبات منيهوت

cereals

الحبوب

بيت

living room
غرفة جلوس

bathroom
الحمّام

kitchen
مطبخ

bedroom
غرفة النوم

child's room
غرفة الأطفال

dining room
غرفة الطعام

floor

أرضية

wall

حائط

ceiling

سقف

cellar

قبو

sauna

ساونا

balcony

بلكون

terrace

شرفة

pool

مسبح

lawn mower

جزازة العشب

sheet

بياضات السرير

bedspread

بطانية

bed

سرير

broom

مكنسة

bucket

سطل

switch

مفتاح كهربائي

carpet

بصاط

curtain

ستارة

table

طاولة

chair

كرسي

rocking chair

كرسي هزّاز

armchair

كرسي ذو ذراعين

book

الكتاب

blanket

بطانية

decoration

زخرفة

firewood

الحطب

film

فيلم

hi-fi equipment

تجهيزات ستيريو

key

مفتاح

newspaper

جريدة

painting

لوحة مرسومة

poster

مُلصق

radio

راديو

notepad

دفتر ملاحظات

hoover

المكنسة الكهربائية

cactus

صبار

candle

شمعة

fridge
برّاد

microwave oven
ميكروويف

kitchen scales
ميزان المطبخ

toaster
محمصة الخبز

detergent
منظفات

oven
فرن

freezer
ثلاجة

dishwasher
جَلاية

cooker
موقد

pot
قدر

cast-iron pot
وعاء من الحديد

wok / kadai
قدر صيني

pan
مقلاة

kettle
غلاية

steamer

قدر البخار

baking tray

صينية

crockery

أواني

mug

فنجان

bowl

صحن

chopsticks

عيدان الأكل

ladle

مغرفة

spatula

ملعقة منبسطة

whisk

خفاقة

strainer

مصفاة

sieve

مصفاة

grater

مبشرة

mortar

هاون

barbecue

شواء

open fire

موقد

chopping board

لوح التقطيع

rolling pin

نشابة

corkscrew

مفتاح الزجاجات

can

علبة

can opener

مفتاح العلب المعدنية

pot holder

قماش الفرن

sink

مجلى

brush

فرشاة

sponge

إسفنج

blender

خلاط

deep freezer

مجمّدة

baby bottle

زجاجة الطفل

tap

صنبور الماء

heating
تدفئة

shower
دوش

towel
منشفة

shower curtain
ستارة الدوش

bubble bath
حمام رغوة

bathtub
حوض الحمام

glass
كأس

washing machine
غسالة

tiles
بلاط

tap
صنبور الماء

potty
قفازات مطاطية

sink
مجلى

toilet

حمام

squat toilet

مرحاض القرفصاء

bidet

حوض التشطيف

urinal

مبولة

toilet paper

ورق المرحاض

toilet brush

فرشاة الحمام

toothbrush

فرشاة الأسنان

toothpaste

معجون الأسنان

dental floss

خيط حرير لتنظيف الأسنان

wash

يغسل

handheld shower

رشاش ماء يدوي

douche

شطاف

basin

حوض الغسيل

back brush

فرشاة الظهر

soap

صابون

shower gel

جيل الدوش

shampoo

شامبو

flannel

ممسحة

drain

مصرف للماء

cream

مرهم

deodorant

مزيل الروائح

mirror

مرآة

hand mirror

مرآة يد

razor

موس حلاقة

shaving foam

رغوة الحلاقة

aftershave

كولونيا

comb

مشط

brush

فرشاة

hair dryer

سشوار

hairspray

مثبت للشعر

makeup

ماكياج

lipstick

روج

nail varnish

طلاء أظافر

cotton wool

قطن

nail scissors

مقص أظافر

perfume

عطر

washbag

سلة الغسيل

stool

مقعد صغير

weighing scale

ميزان

bathrobe

معطف الحمام

rubber gloves

قفازات مطاطية

tampon

سدادة قطنية

sanitary towel

منشفة صحية

chemical toilet

تواليت كيميائية

alarm clock
منبّه

cuddly toy
الحيوانات المحنطة

toy car
سيارة لعبة

rattle
خشخشة

doll's house
بيت الدمى

present
هدية

balloon

بالون

bed

سرير

pram

عربة الأطفال

deck of cards

لعبة الورق

jigsaw

أحجية

comic

رسوم هزلية

lego bricks

أحجار الليغو

building blocks

حجارة تركيب

action figure

دمية بطل

babygrow

لباس الطفل

frisbee

فريسبي

mobile

دمية معلّقة

board game

لعبة الطاولة

dice

لعبة النرد

model train set

لعبة قطار

dummy

مصّاصة

party

حفلة

picture book

كتاب مصوّر

ball

كرة

doll

دمية

play

يلعب

sandpit

ملعب رملي للأطفال

swing

أرجوحة

toys

لعبة

video game console

ألعاب فيديو

tricycle

دراجة ثلاثية

teddy bear

دمية على شكل الدب

wardrobe

خزانة الثياب

clothing

ثياب

socks

جوارب قصيرة

stockings

جوارب طويلة

tights

جورب بنطلون

scarf
شال

belt
حزام

umbrella
شمسية

t-shirt
تي شيرت

boots
حذاء شتوي

slippers
شبشب

trainers
أحذية رياضية

sandals

صندل

shoes

حذاء

rubber boots

جزمة كاوتشوك

underpants

سروال داخلي

bra

صدّارة

vest

قميص داخلي

body

لباس ملاصق للجسم

trousers

بنطلون

jeans

جينز

skirt

تنورة

blouse

بلوزة

shirt

قميص

pullover

سترة قطنية

hoodie

كنزة كم طويل

blazer

سترة فضفاضة

jacket

سترة

coat

معطف

raincoat

معطف مطري

costume

زي - طقم نسائي

dress

ثوب

wedding dress

ثوب الزفاف

suit

طقم

nightgown

قميص نوم

pyjamas

بيجاما

sari

ساري

headscarf

حجاب

turban

عمامة

burqa

برقع

kaftan

قفطان

abaya

عباءة

swimsuit

مايوه

trunks

سروال سباحة

shorts

شرت

tracksuit

بدلة رياضية

apron

منزر

gloves

قفازات

button

زر

glasses

نظارة

bracelet

إسوارة

necklace

عقد

ring

خاتم

earring

قرط

cap

طاقية

coat hanger

علاقة ثياب

hat

قبعة

tie

ربطة العنق

zip

سحّاب

helmet

خوذة

braces

حمّالة البنطلون

school uniform

اللباس المدرسي

uniform

زي موحّد

bib

مريلة الأطفال

dummy

مصّاصة

nappy

لفافة

office

مكتب

server
المخدّم

filing cabinet
خزانة الملفات

printer
طابعة

monitor
شاشة

paper
ورقة

mouse
فارة

desk
طاولة المكتب

folder
ملف

keyboard
لوحة المفاتيح

chair
كرسي

waste-paper basket
قماما

computer
حاسوب

coffee mug

كأس من القهوة

calculator

الآلة الحاسبة

internet

الإنترنت

laptop

الحاسوب المحمول

letter

رسالة

message

خبر

mobile

الهاتف المحمول

network

شبكة

photocopier

جهاز تصوير

software

البرمجيات

telephone

هاتف

plug socket

مقبس كهربائي

fax machine

فاكس

form

استمارة

document

وثيقة

buy

يشتري

pay

يدفع

trade

يتاجر

money

مال

dollar

دولار

euro

يورو

yen

ين

rouble

روبل

Swiss franc

فرنك سويسري

renminbi yuan

يوان

rupee

روبية

cashpoint

صرّاف آلي

bureau de change

مكتب صرافة

gold

ذهب

silver

فضة

oil

نفط

energy

طاقة

price

سعر

contract

عقد

tax

ضريبة

stock

سهم

work

يعمل

employee

موظف

employer

رب العمل

factory

مصنع

shop

متجر

police officer
الشرطي

fireman
رجل إطفاء

pilot
طيّار

cook
طبّاخ

doctor
الطبيب

gardener

بستاني

carpenter

نجّار

seamstress

خيّاطة

judge

قاض

chemist

كيميائي

actor

ممثّل

bus driver

سائق حافلة

taxi driver

سائق تاكسي

fisherman

صياد سمك

cleaning lady

أجيرة للتنظيف

roofer

بنّاء سقف

waiter

نادل

hunter

صيّاد

painter

رسّام

baker

خباز

electrician

كهربائي

builder

عامل بناء

engineer

مهندس

butcher

لحّام

plumber

سمكري

postman

ساعي البريد

soldier

جندي

architect

مهندس معماري

cashier

أمين صندوق

florist

بائع الزهور

hairdresser

حلاق

conductor

مراقب القطار

mechanic

ميكانيكي

captain

قبطان

dentist

طبيب أسنان

scientist

رجل العلم

rabbi

حاخام

imam

إمام

monk

راهب

clergyman

كاهن

hammer
مطرقة

pliers
كماشة

screwdriver
مفك البراغي

spanner
مفتاح ربط

torch
مصباح يد

digger

جرافة

toolbox

صندوق العدة

ladder

سلّم

saw

منشار

nails

مسامير

drill

مثقب

repair

يصلح

shovel

مجرفة

Damn!

اللعنة

dustpan

لقاطة الكناسة

paint pot

سطل الألوان

screws

براغي

musical instruments
آلات موسيقية

loudspeaker
مكبر الصوت

drum kit
آلات الإيقاع

guitar
غيتار

double bass
كمان أجهر

trumpet
بوق

piano

بيانو

violin

كمنجة

bass

جهير

timpani

طبل كبير

drums

طبل

keyboard

بيانو كهربائي

saxophone

ساكسوفون

flute

ناي

microphone

ميكروفون

entrance
مدخل

tiger
نمر

cage
قفص

zebra
حمار الوحش

animal feed
علف للحيوانات

panda
دب باندا

animals

حيوانات

elephant

فيل

kangaroo

كنغر

rhino

وحيد القرن

gorilla

غوريلا

bear

دب

camel

جمل

ostrich

نعامة

lion

أسد

monkey

قرد

flamingo

طائر فلامينغو

parrot

ببغاء

polar bear

دب قطبي

penguin

بطريق

shark

سمك القرش

peacock

طاووس

snake

أفعى

crocodile

تمساح

zookeeper

حارس في حديقة الحيوان

seal

عجل البحر

jaguar

نمر أمريكي مرقط

pony

فرس قزم

leopard

نمر

hippo

فرس النهر

giraffe

زرافة

eagle

نسر

boar

خنزير برّي

fish

سمك

turtle

سلحفاة

walrus

حيوان فظ البحري

fox

ثعلب

gazelle

غزال

American football
كرة القدم الأمريكية

cycling
ركوب الدراجات

tennis
كرة التنس

basketball
كرة السلة

swimming
السباحة

boxing
الملاكمة

ice hockey
هوكي الجليد

football

كرة القدم

badminton

الريشة الطائرة

athletics

ألعاب القوى الخفيفة

handball

كرة اليد

skiing

التزلج على الثلج

polo

بولو

laugh
يضحك

jump
يقفز

hug
يعانق

walk
يمشي

sing
يغني

dream
يحلم

pray
يصلي

kiss
يقبل

write

يكتب

draw

يرسم

show

يُري

push

يدفع

give

يعطي

take

يأخذ

have

يملك

do

يعمل

be

يوجد

stand

يقف

run

يركض

pull

يسحب

throw

يرمي

fall

يقع

lie

يستلقي

wait

ينتظر

carry

يحمل

sit

يجلس

get dressed

يلبس

sleep

ينام

wake up

يستيقظ

look at

ينظر إلى ..

cry

يبكي

stroke

يمسّد

comb

يمشّط

talk

يتكلّم

understand

يفهم

ask

يسأل

listen

يسمع

drink

يشرب

eat

يأكل

tidy up

يرتب

love

يحب

cook

يطبخ

drive

يقود

fly

يطير

activities - نشاطات

sail

يبحر بزورق شراعي

calculate

يحسب

read

يقرأ

learn

يتعلم

work

يعمل

marry

يتزوج

sew

يخيط

brush teeth

ينظف أسنانه

kill

يقتل

smoke

يدخّن

send

يرسل

activities - نشاطات

grandmother
جدّة

grandfather
جدّ

father
أب

mother
أم

baby
الطفل

daughter
ابنة

son
ابن

guest
ضيف

aunt
عمّة / خالة

uncle
عمّ / خال

brother
أخ

sister
أخت

forehead
الجبين

eye
العين

shoulder
الكتف

finger
الإصبع

face
الوجه

chin
الذقن

hand
اليد

breast
الصدر

leg
الساق

arm
الذراع

baby

الطفل

man

الرجل

woman

المرأة

girl

البنت

boy

الولد

head

الرأس

back

الظهر

belly

البطن

belly button

السرّة

toe

إصبع القدم

heel

الكعب

bone

العظم

hip

الورك

knee

الركبة

elbow

المرفق

nose

الأنف

bottom

العَجُز

skin

البَشرة

cheek

الخد

ear

الأذن

lip

الشفة

mouth

الفم

tooth

السن

tongue

اللسان

brain

الدماغ

heart

القلب

muscle

العضلة

lung

الرئة

liver

الكبد

stomach

المعدة

kidneys

الكلى

sex

الاتصال الجنسي

condom

الواقي المطاطي

ovum

البويضة

semen

المنيّ

pregnancy

الحمل

body - الجسم

menstruation

الحيض

vagina

المهبل

penis

القضيب

eyebrow

الحاجب

hair

الشعر

neck

الرقبة

hospital
المستشفى

ambulance
سيارة الإسعاف

wheelchair
الكرسي المتحرك

fracture
كسر

doctor

الطبيب

emergency room

غرفة الإسعاف

nurse

الممرضة

emergency

حالة

unconscious

مغمى عليه

pain

الألم

injury

إصابة

bleeding

النزيف

heart attack

احتشاء القلب

stroke

جلطة

allergy

حسسية

cough

السعال

fever

الحُمّى

flu

إنفلونزا

diarrhoea

الإسهال

headache

وجع الرأس

cancer

السرطان

diabetes

مرض السكر

surgeon

جرّاح

scalpel

مبضع

operation

عملية

CT

سيتي سكان

x-ray

الأشعة السينية

ultrasound

فوق الصوتي

face mask

القناع

disease

المرض

waiting room

غرفة الانتظار

crutch

العُكاز

plaster

شريط لاصق

bandage

ضماد

injection

حقنة

stethoscope

سمَّاعة الطبيب

stretcher

نقالة

clinical thermometer

ميزان حرارة

birth

ولادة

overweight

وزن زائد

hearing aid

جهاز السمع

disinfectant

المواد المعقمة

infection

عدوى

virus

فيروس

HIV / AIDS

الإيدز

medicine

الطب

vaccination

اللقاح

tablets

أقراص الدواء

pill

حبّة الدواء

emergency call

نداء النجدة

blood pressure monitor

مقياس ضغط الدم

ill / healthy

مريض / صحيح

alarm

إنذار

assault

اعتداء

Help!

النجدة!

attack

هجوم

danger

خطر

emergency exit

مخرج طوارئ

Fire!

حريق!

fire extinguisher

جهاز الإطفاء

accident

حادث

first-aid kit

حقيبة الإسعاف الأولي

SOS

أنقذونا

police

الشرطة

Europe

أوروبا

North America

أمريكا الشمالية

South America

أمريكا الجنوبية

Africa

أفريقيا

Asia

آسيا

Australia

أستراليا

Atlantic

المحيط الأطلسي

Pacific

المحيط الهادي

Indian Ocean

المحيط الهندي

Antarctic Ocean

المحيط المتجمد الجنوبي

Arctic Ocean

المحيط المتجمد الشمالي

North Pole

القطب الشمالي

South Pole

القطب الجنوبي

Antarctica

منطقة القطب الجنوبي

Earth

أرض

land

بر

sea

بحر

island

جزيرة

nation

أمة

state

دولة

clock face

ميناء الساعة

hour hand

عقرب الساعات

minute hand

عقرب الدقائق

second hand

عقرب الثواني

What time is it?

كم الساعة الآن؟

day

يوم

time

زمن

now

الآن

digital watch

ساعة رقمية

minute

دقيقة

hour

ساعة

week

أسبوع

Monday
الإثنين

Wednesday
الأربعاء

Friday
الجمعة

Tuesday
الثلاثاء

Thursday
الخميس

Saturday
السبت

Sunday
الأحد

yesterday

الأمس

today

اليوم

tomorrow

غدًا

morning

الصباح

noon

الظهر

evening

المساء

business days

أيام العمل

weekend

نهاية الأسبوع

rain
مطر

spring
الربيع

summer
الصيف

wind
ريح

autumn
الخريف

snow
ثلج

winter
الشتاء

4.APRIL	11°	
5.APRIL	4°	
6.APRIL	13°	
7.APRIL	8°	
8.APRIL	10°	

weather forecast

التنبؤ بالحالة الجوية

thermometer

مقياس حرارة

sunshine

ضوء الشمس

cloud

سحابة

fog

ضباب

humidity

رطوبة الجو

lightning

برق

thunder

رعد

storm

عاصفة

hail

بَرَد

monsoon

ريح موسمية

flood

طوفان

ice

جليد

January

كانون الثاني / يناير

February

شباط / فبراير

March

آذار / مارس

April

نيسان / أبريل

May

أيار / مايو

June

حزيران / يونيو

July

تموز / يوليو

August

آب / أغسطس

September

ٱيلول / سبتمبر

October

تشرين الأول / أكتوبر

November

تشرين الثاني / نوفمبر

December

كانون الأول / ديسمبر

shapes

أشكال

circle

دائرة

square

مربّع

rectangle

مستطيل

triangle

مثلّث

sphere

كرة

cube

مكعّب

white

أبيض

yellow

أصفر

orange

برتقالي

pink

وردي

red

أحمر

purple

بنفسجي

blue

أزرق

green

أخضر

brown

بني

grey

رمادي

black

أسود

a lot / a little

كثير / قليل

angry / calm

غضبان / هادئ

beautiful / ugly

جميل / قبيح

beginning / end

بداية / نهاية

big / small

كبير / صغير

bright / dark

فاتح / قاتم

brother / sister

أخ / أخت

clean / dirty

نظيف / وسخ

complete / incomplete

كامل / ناقص

day / night

نهار / ليل

dead / alive

ميت / حيّ

wide / narrow

عريض / ضيّق

edible / inedible

صالح للأكل / غير صالح

evil / kind

شرّير / لطيف

excited / bored

مثير / ممل

fat / thin

سمين / نحيف

first / last

أولا / أخيرا

friend / enemy

صديق / عدو

full / empty

مليء / فارغ

hard / soft

صلب / لين

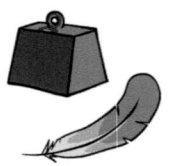

heavy / light

ثقيل / خفيف

hunger / thirst

جوع / عطش

ill / healthy

مريض / صحيح

illegal / legal

غير شرعي / شرعي

intelligent / stupid

ذكي / غبي

left / right

يسار / يمين

near / far

قريب / بعيد

new / used

جديد / مستعمل

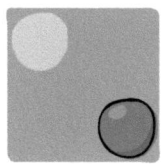

nothing / something

لا شيء / بعض الشيء

old / young

مسين / شاب

on / off

يشعل / يطفئ

open / closed

مفتوح / مغلق

quiet / loud

خافت / عالٍ

rich / poor

غني / فقير

right / wrong

صح / خطأ

rough / smooth

أحرش / املس

sad / happy

حزين / سعيد

short / long

قصير / طويل

slow / fast

بطيء / سريع

wet / dry

مبلول / جاف

warm / cool

ساخن / بارد

war / peace

حرب / سلم

0	**1**	**2**
zero	one	two
صفر	واحد	اثنان

3	**4**	**5**
three	four	five
ثلاثة	أربعة	خمسة

6	**7**	**8**
six	seven	eight
ستة	سبعة	ثمانية

9	**10**	**11**
nine	ten	eleven
تسعة	عشرة	أحد عشر

12
twelve
اثنا عشر

13
thirteen
ثلاثة عشر

14
fourteen
أربعة عشر

15
fifteen
خمسة عشر

16
sixteen
ستة عشر

17
seventeen
سبعة عشر

18
eighteen
ثمانية عشر

19
nineteen
تسعة عشر

20
twenty
عشرون

100
hundred
مائة

1.000
thousand
ألف

1.000.000
million
مليون

languages

English

الإنكليزية

American English

الإنكليزية الأمريكية

Chinese Mandarin

لغة ماندارين الصينية

Hindi

الهندية

Spanish

الإسبانية

French

الفرنسية

Arabic

العربية

Russian

الروسية

Portuguese

البرتغالية

Bengali

البنغالية

German

الألمانية

Japanese

اليابانية

I

أنا

you

أنت

he / she / it

هو / هي

we

نحن

you

أنتم

they

هم

who?

من؟

what?

ماذا؟

how?

كيف؟

where?

أين؟

when?

متى؟

name

أسم

behind

خلف

in

في

in front of

أمام

over

فوق

on

على

under

تحت

beside

جنب

between

بين

place

مكان